나 살던 곳에서
그리움이
찾아오면

두 번째

나 살던 곳에서 그리움이 찾아오면 두 번째

초판 1쇄 발행 2025년 10월 23일

글·그림 정재원
펴낸이 장길수
펴낸곳 지식과감성#
출판등록 제2012-000081호

교정 주경민
디자인 강샛별
편집 강샛별
검수 이주연, 이헌
마케팅 김윤길

주소 서울시 금천구 빛꽃로298 대륭포스트타워6차 1212호
전화 070-4651-3730~4
팩스 070-4325-7006
이메일 ksbookup@naver.com
홈페이지 www.knsbookup.com

ISBN 979-11-392-2858-8(03810)
값 12,000원

- 이 책의 판권은 지은이에게 있습니다.
- 이 책 내용의 전부 또는 일부를 재사용하려면 반드시 지은이의 서면 동의를 받아야 합니다.
- 잘못된 책은 구입하신 곳에서 바꾸어 드립니다.

지식과감성#
홈페이지 바로가기

나 살던 곳에서 그리움이 찾아오면

삶과 사랑, 허무와 회한까지
모두 품어낸 한 폭의 인생화

두 번째

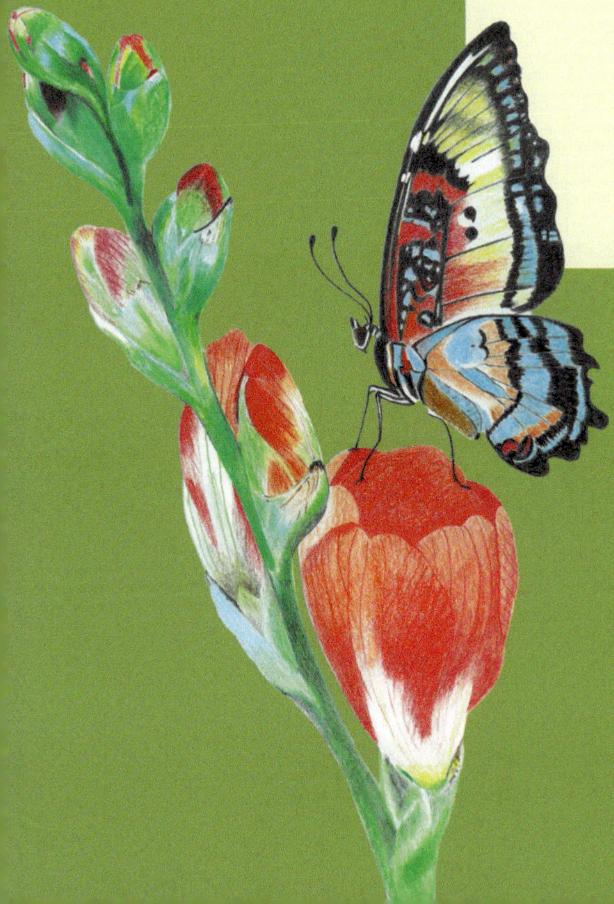

정재원 글·그림

지식과감성#

시인의 말

    가난으로 도배된 세월, 가진 것도 배운 것도 없이 던져진 삶, 그 누구 앞에도 선뜻 나서지 못하는 위축되는 마음. 나름대로 노력도 하였으나 그 누구의 도움도 없이 살기 위해 몸부림친 모진 세상살이가 너무도 힘들어서 안으로 감추며 살아온 세월. 자서전처럼 써 내려간 깊은 고독과 그리움을 엮어 『나 살던 곳에서 그리움이 찾아오면』 시집을 출판하게 되었다.

    그리고 2년 뒤에, 세상에 나서기가 두려운 나를 달래 보려고 또 한 번의 글을 쓴다.

    나를 앞서간 사람들과 목가적 풍경 속 내 고향과 살아있어도 저 먼 하늘 아래서 그리움으로 살아가는 그들 모두가 그리움으로 나에게 다가오고 있기 때문에 가슴속에 모아두었던 시와 그림을 세상에 내어 보낸다.

    차가운 콘크리트 담벼락에 기대어 소리 내어 울지도 못하고 가슴속에 감추었던 내 삶 속의 눈물을 그대들에게 전하고 싶어 마음을 고백하려 한다.

2025년, **정재원**

추천의 글

   정재원 시인님의 두 번째 시집 출간을 마음 깊이 축하드립니다.
   시인께서는 인생의 틈새마다 스며든 희로애락을 섬세한 시선으로 길어 올려 왔습니다.
   그 시선은 고난을 버텨낸 무게와 가정을 지켜온 묵묵한 세월, 그리고 한 인간의 생애와 감정의 순환까지 진실하게 담아냅니다.

   정재원 시인의 시어는 햇살처럼 은근하면서도 깊은 온기를 전합니다.
   그 눈빛 속에는 삶에 대한 깊은 이해와 포용이 깃들어 있습니다.

   이번 두 번째 시집은 삶과 사랑, 허무와 회한까지 모두 품어낸 한 폭의 인생화입니다.
   책장을 덮은 뒤에도 독자의 마음속에 오래도록 울림이 머물 것입니다.

정기옥 소설가

목차

시인의 말   4
추천의 글   5

어머니의 이름 앞에서	10	어머니의 밥상	32
달맞이꽃 1	11	아버지란 이름으로	34
이별 1	12	당신	36
기다림	14	쑥부쟁이	37
이별 2	16	그 사람 나의 형	38
영월루 작약 꽃	18	추억	40
초형	20	어머니 1	42
우정	22	어머니 2	44
첫눈 내리던 날	24	노을빛	46
어느 오월에	26	들국화	47
울 아버지	27	그네	48
무지개	28	매미	50
봄 처녀	30	바위	52

너를 그리며 1 54	그리운 얼굴 2 74
그리운 창가에 56	이슬 76
그리운 얼굴 1 58	달빛 78
달맞이꽃 순정 59	국화꽃 향기 80
봄이 오는 길목에서 60	그리워 82
세월 62	보내는 마음 84
깊은 고독의 밤 63	라일락 꽃향기는 바람에 날리고 86
소녀에게 64	
봄날은 간다 66	강천섬에 가을이 오면 88
일기장 68	첫사랑 언덕에 90
소녀이기 때문에 69	여주 연가 92
가인 70	오동나무 94
철없던 순이 72	형아야 96

울 어머니는	98
설중매	100
꽃	101
고향 고가 집	102
붉은 입술	104
달맞이꽃 2	106
하루의 시간	107
늦가을 날에 사색	108
임이여 오소서	110
끝나지 않은 이별	112
긴 겨울밤의 랩소디	113
친구야 꽃구경 가자	114
오월이 오면	116
너를 그리며 2	118
창가에서	120
고향 친구	122
먼 그리움	124
슬픈 밤	126
겨울 나그네	128

어머니의 이름 앞에서

내가 어머니의 뱃속에서 자랄 때 당신에게는 행복이었습니다

내가 세상에 태어날 때 당신에게는 크나큰 고통이었고

내가 청춘을 즐길 때에는 당신은 노심초사 잠 못 이루는 밤이었습니다

내가 결혼을 하고 자녀를 기를 때는 당신은 내게 있어 먼 나라 사람이었고

당신을 그리워할 때 당신은 이 세상 사람이 아니었습니다

황혼에 노을빛이 그리움을 더해 줄 때 빛바랜 추억 속 영상이 노을빛에 그려지고

나를 사랑한 어머니는 진심이었고 어머니를 사랑하는 내 마음은 거짓이었고 위선이었습니다

달맞이꽃 1

물결에 녹아든

황금빛 윤슬은 아름답게 반짝이고

목마른 그리움으로 슬퍼지는 시간에

새벽녘 별빛이 이슬방울을 만들 때
임을 위하여 별빛 같은 한 송이 노란 꽃을 피게 하여

미리내를 건너오시는 달님에게
수줍은 듯 살포시 미소 띤 얼굴로 반기고 싶어요

이별 1

부질없는 한 조각 우정의 마음으로
슬픈 눈빛처럼 나에게 말하지 말아요

샘터에 물이 고이듯이
내 영혼의 슬픈 눈망울

침묵하는 순간에 떠나가는
향기 속에 너와 나
잊거나 지워 버릴 수 없는
사연만을 남긴 채
가버릴 이별 앞에 몸부림친다

결별이란 축복에 싸여
당신은 지금 떠나려 하십니까
사르르 녹아드는
애틋한 그리움은 어이하라고

슬픔처럼 다가오는 이별 앞에서
슬픈 소녀의 눈망울처럼
그리움은 차갑게 목이 메어 오는데

기다림

기다림이 이렇게 지루할지는
오늘에야 알았습니다

아름답던 그날들을
낙엽처럼 날려 보내고
마음속 그윽하게 남아있는
말들을 모아서
하얀 백지 위에 그리움을 적어봅니다

고요가 말해주는 이 밤에
그대가 그리워서
말없이 손짓하는 꿈을 꾸며
그대 곁으로 날개를 저어봅니다

거짓으로 보낸 지난날에
나를 구속하지 않고서
여름날 소나기처럼
그대 오길 기다릴 겁니다

파도 따라 밀려가고 밀려오는
패각들의 유희 속에서
조약돌을 만지작거리며
수평선을 바라보는
망부석이 되더라도
나는 그리운 가슴으로 기다릴게요

이별 2

낙엽 구르는 숲길에는
울던 뻐꾸기도 날아가 버리고
산을 내려온 찬 바람은
빈 가지를 흔드는데

별이 숨어버린 밤
흰 눈 내리는 창가를
한가득 밀려오는
목마른 그리움

그 어느 낯선 하늘 아래
숨어 살아도
내가 그리워하는 것은 허락하겠지

그대가 남긴
기억 속에 머물게 하고 싶은 말은
이제 가슴속에서 침묵한다

이 밤
구름 속을 오고 가는
달빛 조각을 붙잡고
애써 그리움을 참으며
슬픔을 비워낸다

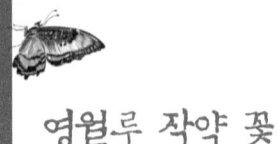

영월루 작약 꽃

영월루 담장 아래
붉은 작약꽃

달빛마저 시리도록 차가운
남한강 그 모진 겨울바람을
어이 견디고

몽실몽실하게
부풀어 오른
소녀의 젖가슴인 듯
통실통실 꽃망울
붉게 물들여

신록사 풍경 소리
울릴 때마다
붉은 꽃잎 한 잎 한 잎
피게 하여서

수줍은 듯 고개 숙여
낯설어하더니
임 오신 영월루 마루 위에
진하게 풀어놓는다

초형

너를 만나지 못한 채
슬픈 오월은 가고

야생화 꽃 달콤한 냄새마저도
이렇게 슬퍼지는가

달빛보다 맑은
뒷산 풀벌레 울음소리는
가슴 아픈 나의 심혼을
다스리는데

허공중에 맴도는 너를 향한
그리움 찾아 발걸음을 옮깁니다

볼따구니 곱던
너를 만나기 위해
저물어 가는 태양을 따라
쉼 없이 찾아왔건만

황혼에 금빛 물결만
그리움을 더해주네

그리운 사람아
그대는 지금 어디에 계시는가

우정

보폭을 맞추며 함께 걷던
오붓한 대화를
발자국마다
우정으로 새겨 놓았지

달빛 내린 하얀 신작로 길
끝없이 주고받은 대화는
가슴속에 지워지지 않는
우정이란다

새하얀 침묵의 순간에
아련히 떠나버린 너
부질없는 한 조각 마음으로
기다리는 것은
우정 그것 때문이 아닐까

이름 없는 꿈을 잡으려
멀어져 가는 벗을 보면서
눈앞에 그려지는 것은
우정의 여운인가 보다

첫눈 내리던 날

천상의 화원에서 떨어지는 꽃이던가
하늘 가득 하얀 눈이 내립니다

오늘밤 사뿐히 눈송이 하얗게 내리고
눈처럼 차가운 새하얀 슬픔이
가슴속 깊이 스며듭니다

까만 고요가 말해주는 밤
가슴속에 고이 간직한 그 사람이
하얀 손으로 나를 부를 것 같아서

잿빛 하늘에 흰 눈이 내리는 날
눈 덮인 저 언덕길을 걸어서
그 사람이 올 때까지 나는 기다립니다

촌가들 속에서 새벽을 알리는
장닭들의 긴 울음소리 들릴 때까지

어느 오월에

오월의 햇볕은 대지 위에
꽃방석을 만들고
훈훈한 바람은
첩산을 돌아오는데

아름다운 꽃들의 영광이
온 땅을 뒤덮는구나

하늘빛은 청명하고
햇살은 맑게 비추는데

땅의 축배를 시샘하는
하늘의 별빛이 반짝인다

편력의 계절에서
돌아온 오월이여
기쁨으로 밝아오는 내 가슴에
어서 오라 봄이여

울 아버지

지친 삶의 무게를 지게에 지고
석양이 내린 저녁 들길을 걸어
집으로 오시는 우리 아버지

나물죽 한 사발로 하루를 사시고
찐 감자 몇 알로 한밤을 견디실

초인의 세월은 눈물이었네

배고픈 어린 눈망울들은
아버지만 바라보는데

자식 앞에 죄스러운 쓰린 가슴 어이하리

하늘을 바라보며 뒷짐 지신 아버지는
가슴으로 흐느끼고

아버지 손을 잡은 어머니 행주치마 잡은 손이
촉촉하게 젖어 흐르는 아버지 눈가를 스칠 때

오월의 저녁 바람이 슬픈 듯이 불어온다

무지개

파란 하늘 펼쳐진 자리
태양 빛을 시샘하는
검은 구름 지나갈 때

구멍 뚫린 하늘 연못
물줄기는 쏟아지고

곱디고운 비단 일곱 필
흐르는 물줄기에 빨래하여
다리미로 주름 펴서
하늘 줄에 곱게도 널었구나

봄 처녀

꽃분홍 치마 연두색 저고리는
봄 햇살 은빛 바람에 휘날리고

생명의 볼록한 젖가슴에
녹색 새 생명을 안고서
얼어붙은 땅위를 춤을 추며 왔습니다

메마른 가지에 녹색 잎들을 피우는
저 놀라운 생명들의 신비로움이여

뒷산 장다리꽃 핀 밭떼기에
노랑나비 흰나비는 춤추며 날고
뜰 안에도 모시나비 찾아오는

청보리밭 하늘 높이 노고지리 날고
호수가 실버들 춤추는 날에
희열의 미소 지으며 봄 처녀가
연둣빛 수줍은 미소를 지으며

혜풍 불어와 이렇게 좋은 날에
봄 처녀가 왔습니다

어머니의 밥상

어머니의 밥상
석양의 노을빛은
긴 하루를 마감하고
어둠이 채워진 방 한구석
눈물 고인 아픈 눈동자로
어머니를 생각합니다

따뜻한 저녁 밥상을
차리지 못한 채
자식에게 미안한 마음 어찌하리
어린 눈망울은
어머니를 바라보고
자식들에게 죄스러워
가슴으로 우시던 어머니

흔들리는 호롱등불
차려진 밥상머리
나물죽의 절반은
어머니 눈물이었습니다

울지도 못하는
눈물 가득한 눈동자는
어머니 마음을 알 수 없었습니다
그리움에 멍든 가슴은
초라한 삶을 붙잡고
벌거벗은 나목으로 서있습니다

아버지란 이름으로

나는 오늘도 살기 위해 죽으러 갑니다
새벽길 찬 공기가 낯설어도
추운 줄 몰랐습니다

처자식 웃음이 힘이 되어서
멸시와 조롱도 참았습니다

뼈가 저리고 근육이 찢어지는
고통에서도 내일의 행복을 꿈꾸었습니다
지쳐 쓰러지는 절망 속에서도
앙다문 결연함으로 살았습니다

그러나 바라는 것은 오직 하나
가정의 행복과 화목과 온화한 마음
오직 그것이 전부였습니다

아버지란 이름으로 산다는 것이
너무도 힘들어서
나는 날마다 죽어 갑니다

그리고 또 다른 하루가 두려움으로
시작되는 이른 새벽길에
돌덩이 같은 삶의 무게를 지고
오늘도 나는 죽으러 갑니다
아버지란 이름으로—

당신

양귀비 꽃잎 같은 붉은 순정 가슴에 담고
날 찾아 긴긴 세월을 걸어온 사람

내 가슴에 포근하게 안고 싶어서
달빛 내려와 아름다운 밤을 기다렸다네

밤 무지개 아름다운 저녁 들길에
따뜻한 그대 손잡고 오고 간 이야기에는
사랑의 진실함이 가득 담기고

새하얀 박꽃 같은 그대 미소에
뛰는 가슴으로 그대를 꼬옥 감싸안았네

세월은 가더라도 붉은 순정은 변함없고
내 마음속 그대 사랑은
퇴색되지 않는 붉은빛 양귀비라오

쑥부쟁이

구름처럼 흘러가 버린 세월을 회상한다

내 젊음의 소망을 위하여 몸부림치던
공허의 날들과
욕망 속에서 방황하던 자식을
조용히 지켜보며 기다려준
인고의 세월을 사신 어머니

자기 살길 찾아 서울로 떠나 버린
매정한 아들놈 그리워서
서산마루 노을 지고 소쩍새 울면
행주치마에 얼굴 감싸고 우시던 어머니

영겁의 시간을 기다림과 그리움 속에서
어머니는 삼배 수의를 만들고 계셨습니다

내 마음과 정성을 드리려 한 그날에
어머니는 조용히 눈을 감으셨습니다
내 영혼의 몸부림의 슬픔은
거짓이고 변명이었습니다

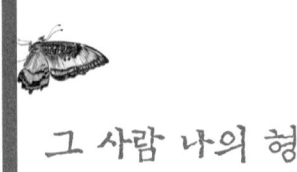

그 사람 나의 형

개털 속에 숨어있는 벼룩 이 잡듯이 온 세상을 다 뒤져 보라지
그 어디에 이런 사람 또 어디에 있는가

나물죽도 한 사발 못 먹던 시절에 찹쌀 인절미 일곱 개를 먹은 것이
팔십 평생 떡보라는 이름의 별명을 안고 살아오신 우리 형

엄동설한 바람 끝은 모질게도 차가운데 늙으신 할아버지 등 따숩게
주무시라고 산비탈을 오가며 지게로 지어 나른 화목이 집채처럼 쌓
아 놓아 할아버지 세상 떠나실 때 우리 형만 찾으셨단다

아름다운 형수님 만나서 부산으로 취직이 되어 떠나 실적에 희망 없
는 농사일 접고 부푼 가슴으로 행복하였으리 하지만 도시의 화려함
속에 감추어진 삶의 좌절감을 어찌 우리 형만 느꼈을까

살아 보려고 다시 찾은 열사의 나라 사우디아라비아 뜨거운 태양 아
래 땀 냄새 밴 작업복에 삶의 무게를 담고서 두고 온 처자식이 그리
워서 달뜨는 곳을 향하여 가슴으로 흐느껴 울었을 우리 형

피땀 흘려 목숨으로 바꾸어온 돈 병든 형수님 치료비로 다 쓰고도
말없이 웃기만 하던 바보 같은 그 사람은 나의 형

모진 세상을 살아가는 동생들이 안쓰러워 떨리는 목소리로 안부를 물어 오는 형의 목소리는 촉촉하게 젖어 있었습니다

처자식의 웃음과 행복을 위해서 팔십이 넘어선 늙으신 몸 돌보지 않으시고 지금도 멍에처럼 삶의 무게를 지고 사시는 우리 형이 가여워서 생선 냄새 비릿한 부산을 향하여 내 마음 슬픔으로 불러 봅니다

형아 내 가엾은 나의 형아

추억

가려진 잿빛 어둠 속에
하얀 안개처럼 피어나는
그립고 아쉬운 추억 속으로
나를 찾아 떠나본다

추억이 물처럼 고여 있는
한 여인의 젖은 눈망울은
이루어질 수 없는 첫사랑이었고

부모형제와 이별하던
눈물겹게 서러운 날
마음껏 울지도 못하고
슬픔을 가슴에 품고 허공만 바라보았다

내 고향 정 깊은
검정고무신의 민초들은 떠나고
빛바랜 저 먼 그리움 속에
가슴 시린 진한 추억이
눈물을 삼키며 나를 울게 한다

거기 누구 없소……
여백으로 흘러가 버린 세월에
나의 삶을 앞질러 간
그들 모두는 어디로 떠났는가
흘러간 것들이 그리워 홀로 외로운데

어머니 1

어둠을 타고 내리는
별빛 같은 그리움이
밤새워 창문 밖을 서성이는데
혼자서 감당하기 힘든
눈물겨운 그 이름 어머니

소리 내어 울지 못하는
침묵하는 슬픔은 별빛을 적시고
흐릿한 등잔불 밑에서 바느질하시던
내 어머니 그리워 나는 못 살겠네

가난으로 도배된 퇴색된 벽 속에는
어머니의 오래된 눈물을 보았습니다

어둠 속에 갇혀버린 빈 공간 속에서
어머니의 환영 때문에
내 그리운 마음 때문에
이 밤도 잔인하도록 쓸쓸한
이 빈자리에서 흐느낍니다

오늘 밤도 침묵으로 다가오는 당신
다시 부르는 그 이름 나의 어머니

어머니 2

그 길고 긴 사무친 그리움에 목이 메어오면
우러러 그리움이 봄꽃처럼 피어날 때
나는 쌓이는 그리움에
멍든 아픔을 가슴에 새깁니다

참으로 많은 알뜰한 사랑의 모습을
남겨두고 가신 어머니
지금은 아름다운 전설처럼
당신이 떠오릅니다

망각 속에 흘러간 어머니 그리워
꺼져 가는 듯 깜빡이는 별을 헤아려 봅니다

그리운 마음 서러운 목청으로
창문을 넘어 흥건히 당신을 부를 때
그리움의 깊은 갈증은 가슴에 심어놓고

별빛 속에 묻어나온
그리운 어머니 얼굴이 한순간 스칩니다

노을빛

불러 세울 수 없는 세월
나를 감추며 살아온 시간
그 누구도 지나온 과거사를
말해주지 않는다

꽃처럼 피어나던 시절
참으며 모아둔 인내를 꺼내 본다
슬퍼할 시간도 웃어볼 시간도
허락되지 않는 삶
나는 무엇을 위하여 살아왔는가

마음 한구석 채워지지 않는 허허로움
이루지 못한 행복과의 동숙
노을빛에 기대어
인생의 후반 늦가을은 깊어 가는데
재생이 되지 않는 인생의 끝자락에
살아있는 날들을 위하여
내 슬픈 들녘으로 발길을 옮긴다

들국화

저물어 가는 계절의 끝자락에
어머니 얼굴 같은 국화꽃 한 송이
늦가을 햇살은 짧고
외로움 견딜 수 없어
달빛에 젖어 울던 밤

밤이슬 차가운 날
이슬에 젖은 발자국으로라도
당신을 만날 수 있다면
백야 한가운데서
돌이 되어도 좋습니다

늦가을 서리 바람 속에
어머니 향기로 홀로 선 조용한 미소
어둠이 천천히 내려앉으면
가슴에 품었던 해묵은 그리움
눈으로 보낸 사랑이 가슴에 남아
오래된 눈물을 흘린다

그네

꽃분홍 치마폭은 바람결에 휘날리고
새하얀 무명 속치마에 수줍음이 가득하다

흘러내린 두 줄 그네에 몸을 실어
피어나는 뭉게구름 드높이
몸을 날린다 젊음을 날린다

검은 머리 빨간 댕기는 허공을 가르고
새하얀 버선발에 순결한 처녀
여인의 향기가 솔바람에 날려 온다

젊은 총각들의 가슴속에는
불같은 사랑의 감정이 요동을 치고

날아라 그네야 푸른 하늘 드높이
연분홍 치맛자락에
설레는 풋사랑 가득 담아서
찾아올 임의 품에 한 아름 가득 안겨 드리게

매미

한여름 삼복더위 뜨거운 햇볕 아래
느티나무 가지 끝에 달라붙어서
엉덩이 까불까불 노래하는 매미야

다소곳한 새색시 만나 총각 딱지 떼 보려고
이 가지 저 가지 옮겨 다니며
가진 애를 다 써봐도
어디 마땅한 색싯감은 보이지 아니하고

입추 지난 계절 아침저녁 바람결은 서늘한데
속 타는 매미 놈은
새벽 동트기 전에 맴맴맴

장가가고 싶다고 장가가고 싶다고
느티나무 가지 사이를
요리조리 색싯감 찾아서 헤집고 날아다닌다

바위

천만년 세월 흐름에도
변하지 않으며
언제나 그 자리에 말이 없구나

애련과 희로에도 흔들림 없이
침묵하는 세월이여

그 형상은 외로워도
믿음이 있어서 좋구나

생명을 망각한 시간의 흐름
억센 바람과 억센 눈보라가 몰아쳐도
비정의 침묵으로 견뎌온 세월

조금의 타협도 허락하지 않은 채
억척스러운 집념으로 세월을 먹으련다

너를 그리며 1

어둠이 까맣게
내 창가에 내려앉은 밤
하얀 달빛 흐름 타고
솔밭 부엉이 울음소리
들려오면

밤안개 속 너를 향한
진한 그리움이 내 창가에
슬픔으로 다가오고

창문을 스치는 바람 소리에
혹시나 그대일까
창문 밖 어둠 속을 더듬는
내 슬픈 눈동자

돌아와 줄 일 없는 너를 그리며
빛바랜 과거 속을 헤매는
가버린 추억 속으로
나를 밀어 넣는다

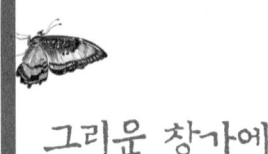

그리운 창가에

어둠이 내려앉은 밤
달빛에 젖은 오동잎은 떨어지고
당신이 그리워서 찾아온 이곳에
불 꺼진 그대 창문 바라보다가
나 돌아갑니다

인생에 정을 남기고
말없이 가버린 당신 그리워
외로운 빈자리에 잠시 머물다
나 돌아갑니다

당신의 향기는 아직도
내 가슴에 있어
가버린 행복을 슬퍼하고 있는데

불 꺼진 빈방에는 쓸쓸함이 가득하고
당신은 지금 어디에 계시나요

별빛 가득하게 불 밝힌 이 밤에
나의 여정의 길로
나 돌아갑니다

그리운 얼굴 1

가쁜 숨 헐떡이며 살아온 세월
지나간 순간들 속에
촘촘하게 떠오르는 기억 속 이야기들

저녁 해는 서산에 감춰지고
호젓한 산골 마을에 그리움이 서린다

동구 밖 언덕길에 야생화 피어날 때
모시나비 잡으러 뛰어다니며
정겨운 대화가 포근하게 쌓이던 길목

마음 착한 가시내가 정답게 부르던 사월의 노래

노을 진 하늘에 아롱지는 추억들은
그리움으로 쌓여가고
세월을 담은 발자국은 너에게서 점점 더 멀어져만 간다

달맞이꽃 순정

붉은 장미꽃 같은
불타는 사랑은
받아들이기가
너무도 힘들어요

불같이 뜨거운 정열의 사랑은
양귀비에게나 드리세요

부드러운 달빛 미소가
너무도 좋아서

달님이 오시는 저녁 들길에
하얀 미소로 맞이할래요

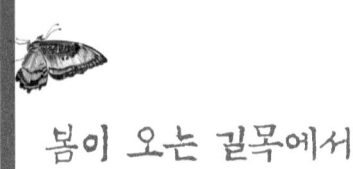

봄이 오는 길목에서

연둣빛 파릇하니
다가오는 당신을 보았습니다

아직은 그때 겨울인 줄 알았는데
바람 불어 비 오는 날 잦아들고

마른 가지들 속에 속삭이는
생명들의 부드러운 숨소리

갈색 겨울바람에 낙엽은
갈 길을 잃어버리고

찬란한 봄 햇살 밝게 비추는 날
실버들 늘어진 강변 둑길 마른 풀밭에

사랑하는 사람과 둘이 앉아서
오는 봄을 찬미하며
행복의 꿈을 꾸어 보리라

세월

청춘을 가져가 버린
무심한 세월이여

부모형제 이별시킨
잔인한 세월이여

임마저 데리고 간
야박한 세월이여

친구들 늙어가게 한
덧없는 세월이여

주위를 둘러봐도
내 손 잡아줄 이 하나 없고

속절없이 나도 간다
가버리는 세월 따라

깊은 고독의 밤

죽음보다 더한 고요가 흐르는 밤
창문을 열면
칠흑빛 하늘에 성수가 불을 밝히고

먼 곳 은은한 농가들의 불빛
가끔씩 들려오는 개 짖는 소리
외로운 나의 심혼을 다스린다

검은 첩산들은
깊은 잠에 빠져들고
이름 모를 산새들의 울음소리

이슬에 젖은 가로등 홀로 외롭고
어둠을 바라보는 눈망울이 뜨거워진다

홀로 맞이하는 이 밤이 외로운 것은
내 곁에 아무도 없다는 것이다

소녀에게

커튼 사이에 몸을 숨기고
검은 눈동자를 깜빡이며
수줍은 미소로 바라보던
아무것도 모르던 소녀였습니다

진달래 꽃잎 속에 얼굴을 감추고
수줍어 미소 짓던 소녀였습니다

열일곱 청춘이 아름다워
내 품속에 꼬옥 안고 싶었습니다

내 두 눈 속에 말없이 젖어 들기까지는
그것이 사랑인 줄 몰랐습니다

한 폭의 추억을 주고 간 너 소녀야
칠흑빛 어둠 속에
작은 소음도 들을 수 없는
고요한 이 밤에 너의 목소리인 듯
작은 속삭임은 바람이 없습니다

봄날은 간다

야생화 꽃 핀 오솔길 따라
들꽃향기 바람에 실려 오고
산 꿩의 호통 소리 들리는 날
봄볕은 화살처럼 등 뒤에 박히는데

순아 우리 다정스럽게 손잡고
진달래 꽃피는 언덕 위로 가자
저물어가는 하루해가
서쪽 산을 넘으면 주홍빛 노을 아래
붉은 너의 아름다운 얼굴에 번지는 미소

침묵으로 소진된 석양은 지고
달빛에 젖어있는 너의 소박한 아름다움에
뛰는 가슴으로 너를 꼬옥 안아 보련다

사랑할 수밖에 없었던 너를 보내고
낯선 어느 하늘 아래 숨어 살아도
너를 그리워하는 것은 허락하겠지

유년을 껴안고 선 뒷산 소나무는
지금도 푸르건만 삶에 지친 나는
스쳐 지나가 버린 여정 속에서 꽃잎처럼 늙어간다

일기장

하루를 다하는 늦은 저녁에
혼자서 맞이하는 이 밤
하루 동안 만들어진 추억들을
너와 이야기를 나눈다

코스모스 꽃길의 아름다움과
눈 내리는 겨울 길이 그리워질 때
나는 너와 이야기를 나눈다

첫사랑 소녀와의 사랑도
부끄러워 차마 하지 못한
감추어 버리고 싶은 이야기도

안타까운 이야기를 함께 나누는
너는 나의 다정한 벗이었다

하루라는 시간 속에 함께한
슬픔과 기쁨과 즐거움들을
너에게만 정답게 속삭이고 싶어진다

소녀이기 때문에

창가에 기대서서 눈물을 흘리며
저 먼 하늘의 별들을 바라보는 것은
가슴 아픈 추억이 있어서가 아닙니다

즐거웠던 추억을 더듬으며
회상에 잠기는 것입니다

하늘 높이 떠가는 구름을 보며
즐거웠던 시간들을 추억하는 것입니다

창가에 기대어 눈물을 글썽이는 것은
왠지 슬퍼지고 싶은 소녀의 마음인지도 모릅니다

창가에서 눈물을 흘리는 것은
소녀만이 즐기는 행복인지도 모릅니다

창가에는 소녀만이 즐기는
행복의 시간이 흘러가는 곳입니다

가인

내 앞에 서있는 너는
나에게는 항상 먼 그리움이었다
너의 가슴속에는 나 아닌 다른 사람을
담고 살아가는 너였기에
너를 바라보는 내 마음은 외로움이었다

칠흑빛 어둠은 먹물처럼 퍼지고
홀로 맞이하는 긴 밤의 독숙이여

돌아선 너의 뒷모습이라도
끌어안고 싶어서 마른 가슴으로
긴 사념을 견딘다

그래 가거라 보내는 눈빛은
힘든 이별 앞에 울고 있어도
홀로 남겨진 쓸쓸한 이 거리에
슬픔은 목이 메어 오는데

너를 보내지 못하는 작은 미련은
빈 술잔에 흐르는 달빛을 채우며
가슴 깊이 고여 있는 슬픈 영혼의 노래를 부른다

철없던 순이

들국화 한 송이 꺾어 들고 미소 짓던 순이
추수가 끝난 논두렁에 고들빼기 캐러 다니던 순이

바람에 날리는 헝클어진 머리카락
벗겨진 검정 고무신 진흙 묻은 버선발에
다시 맞추어 신던 순이

여자의 수줍음이나 어설픈 아름다움은 애초에 없던 너

어느 가을날 신작로 길게 늘어선
미루나무 낙엽 질 때에
시발택시에 탄 너는 울고 있었지

처음 입어본 듯한 하늘빛 원피스 치맛자락에
눈물을 훔치며 울음 섞인 목소리로
나에게 남긴 마지막 한마디가

이 가을 그 신작로 길을 찾아온 나에게
어깨 위를 스치듯이 지나가는
가을바람에 실려 들려온다

오빠 난 오빠가 좋은데 어떻게 하지
나 시집간다 나 어떻게 하지

그리운 얼굴 2

차가운 겨울바람 매섭게 불어오고
내린 눈 하얗게 쌓여 있어도
허공을 맴도는 그리움을 찾아
나의 마음은 길을 나선다

고독은 어둠 속에서 긴 울음을 울고
하얀 침묵의 순간에
너와 나는 미련 없이 떠났다

한 송이 그리움으로 너의 얼굴이 스치던 날
간밤에 하얀 눈이 저리도 내리었는데
나는 너의 생각에 잠도 오지 않았나 보다

눈도 맑고 마음도 맑은 그리운 나의 사람아
달 밝은 밤 내 생각에 눈물 흘릴 나의 사람아

한 줌의 머리카락 어깨 위에 걸치고
빨간 앵둣빛 두 볼에 수줍음 담고
떠나간 너는 돌아오려나

기쁨으로 밝아질 내 가슴에
넘어질 듯 달려와 포근하게 안긴 널
나는 오늘도 기다린다

이슬

긴 밤 달빛 스며든 풀잎마다
영롱한 이슬방울

여명의 햇살 비춰지면
오색의 무지갯빛 반짝이다
사라져 버리고

짧은 생이 너무도 애처로워
바라보는 내 눈에도 이슬 맺히네

서러워 말아라 내일이면
긴 밤 지새워 어느 풀잎에서
반짝이는 아름다움으로 다시 만나리라

달빛

상고대 피어난 겨울 들길에
저녁 바람 타고 고엽은 굴러가고

들녘에 가득 내린 하얀 달빛을
대바구니 소복하게 쓸어 담아서

임이 오시는 길목에 뿌려 드리면
달빛에 젖은 걸음으로 오시옵소서

달빛처럼 밝고 맑은 그대 미소에
떨리는 가슴으로 사랑 고백 드리오리다

국화꽃 향기

국화꽃 향기 물든 저녁 들길에
초저녁 바람 불어와 향기롭고
찬란한 가을 햇살이
들판 가득 국화꽃을 피웠습니다

갈 길을 잃어버린 가을바람이
들녘을 외롭게 헤매다가
꽃향기에 취한 듯 주저앉아 버리고

질항아리 가득 담은 국화주는
가을과 함께 익어 가는데

먼 길 떠난 벗님 돌아오는 날
놋 술잔 가득 국화주 부어
술을 마시자 향기를 마시자

허공중에 떠있는 저 둥근달은
사랑으로 찢어진 내 마음을 아프게 하는구나

임은 가고 없어도 벗이 있으며
임의 향기는 없더라도 술의 향기가 있구나

귀뚜라미 밤새워 노래하니
여기서 더 바랄 게 무엇이 더 있으리오

그리워

길손처럼 떠나버린
그대 그리워

갈대 우는 들길에
퇴색된 가슴으로 그리움을
삼키는데

저물어 가는 계절
소슬한 가을바람 속
홀로 외롭게 흐느낍니다

그대 향한 그리움은
아직도 내 가슴속에
독약처럼 남아 있는데

인생의 회한으로 남은
절여진 그리움을 안고
홀로 외롭게 늙어 갑니다

보내는 마음

국화꽃 향기 가득한 들길을 지나
그대는 가시렵니까
나는 아직도 내 가슴속에는
당신을 보내려는 마음은
준비조차 되지 않았는데

갈대 우는 들녘에
달빛은 차갑게 내리고
먼 산 부엉이
울음소리도 서러운데

그대 떠나는 발길에
눈물에 젖은 손수건을 던지면서
솔밭 달그림자 뒤편에서
떠나는 당신을
슬픈 눈으로 바라보는 나는
당신에게 무엇이었나요

그래요 떠나세요
눈물 속에 보내는 마음은
가슴 아파도 행복을 비는 마음으로
당신을 보내드립니다

라일락 꽃향기는 바람에 날리고

꽃향기와 음악이 스며든 자작나무숲이
우리를 부르니 함께 가자 애인이여

달빛 아래 찰랑이는 호수의 금빛 물결

높은 산 이름 모를 골짜기로 쏟아지는 폭포수

해 질 무렵 서쪽하늘 붉게 물든 주홍빛 저녁노을

하늘 가득 지상으로 쏟아지는 별빛의 반짝임

눈 덮인 산을 비추는 태양과 푸른 바다와 흐르는 강물

눈부시게 아름다운 자연을 보면
가슴 터지도록 끓어오르는 환희의 감정

저 아름다운 자연 속에서
그대 가슴에 사랑을 꽃피게 하라

나는 그대와 함께 자작나무 그늘
마른 풀밭에 앉아서 노래 부르려네
오— 인생은 아름다워라

강천섬에 가을이 오면

찬란한 가을 햇살 밝게 비추던 날
마음 착한 내 아내와
손잡고 부르는 10월의 노래

노을 진 하늘가에 아롱지는 추억들은
그리움으로 쌓여가고

낙엽 밟는 소리 상냥한 노란 잔디밭 위에는
청춘들의 긴 입맞춤이 뜨겁구나

미루나무 긴 그림자는 여강을 건너가고
들판 가득 불어오는 저녁 바람은
잠자는 아기처럼 조용한데

들녘에 피어있는 야생화들 속삭임이 들릴 것 같은
고요함에 내 영혼의 쉼을 노래한다

거짓으로 치장된 밀어들과 찌든 공해 속에서
괴로운 내 영혼의 몸부림
지쳐 있는 내 마음속 허무함을

미루나무 흔들리는 강천섬에서
찌든 세속의 기억들을 지우고 싶다

첫사랑 언덕에

오월의 햇볕 아래
녹색의 숲이 향기롭다
소나무숲 사이로
대낮의 햇빛은 내리고

숲속 안개 속에 피어나는
연분홍 진달래꽃

첫사랑 소녀와
여러 번 걸었던 언덕길에
혼자 선 사념의 시간

처음으로 느껴본 사랑의 감정은
슬픔으로 끝나고

괴로운 마음 지우려고
홀로 찾은 언덕길에는

소녀와의 추억이 떠오르고
부질없는 한 조각 미련으로
그리운 마음은 슬퍼지는데

여주 연가

남한강 출렁다리 아래
유람선 타고
사랑 노래 불러주는
내 임은 어디로 갔는가

이 한밤 보름달 빛은
영월루에 내려앉고

밝고 맑은 보름달처럼
아름답던 임의 얼굴

밤새워 그리움의
눈물은 그칠 줄을 모르는데

싸늘한 강바람에
애달픈 물새 소리만
아련하게 들려옵니다

오동나무

아름답고도 풍요로운 이 가을이 깊어 가는데
황금빛 저녁노을이 아름답다

저녁 바람은 불어와 내 작은 창문을 두드리고
처마 밑 댓돌 틈 사이 밤새워 귀뚜라미는
가을을 노래 부른다

한 잎 두 잎 떨어지는 오동나무 잎마다
달빛이 곱게 담겨있는데

둘째 딸 시집갈 때 장롱 만들어 준다시며
아버지가 심어 놓으신 오동나무는
하얀 가을 달빛 아래 홀로 외롭고

커가는 오동나무를 어루만지며
장롱 속에 원앙금침 개어 놓고서
신혼살림 단꿈 꾸며 행복하였네

가마 타고 시집가던 날 싸리문 나가기 전에
한 아름 오동나무 가슴에 끌어안고 울던 둘째 딸
늦가을 저녁 바람에 흔들리는 오동나무
잘 가라고 잘 살라고 아버지 대신하여 손을 흔드네

형아야

따사로운 4월의 햇살은
화살처럼 등 뒤에 꽂히고
연분홍 진달래 온 강산에 춤추던 날

우뚝 솟아난 매봉 산자락 등성이
차가운 흙구덩이 한평생 지친 몸 길게 누워
치열한 삶도 없이
흘러가 버린 세월을 함께 눕히고

구름에 가려진 달빛 조각을 잡고
영원의 안식처에 잠드신 형

검은 작업복 소금꽃 피우던 창백한 얼굴
이를 악물고 참아온 긴 삶
갈매나무 뒷길 꽃상여에 몸을 실어
한 줌의 흙으로 돌아가는가

두더지처럼 땅속 빛과 어둠의 사이에
자신을 가두고 묵묵히 걸어온 길은
늘 겨울이었네

만월로 남겨진 형에 대한 그리움
노을 져 가는 산골바람에
추억으로 남아있는 상처 부스러기만
아파온다

울 어머니는

오동나무 가지 끝에 보름달이 걸리는 시간
수탉들의 긴 울음소리 새벽을 깨울 적에

굴뚝에 연기가 피어오르지 않는 것은
쌀독에 쌀이 없어서입니다

나물죽 한 사발로 하루를 견디면서
살아오신 인고의 세월은 눈물이었습니다

소대한 겨울 찬 바람에
무명 치마저고리로 마른 몸 가리시고
한세상 살아오신 한 많은 그 세월은 고통이었습니다

밥 달라고 울어대는 자식을 끌어안고
가슴으로 우시던 내 어머니 서러움은
견딜 수 없는 고문이었습니다

눈물 속에 바라보는 내 어머니 작은 무덤은
독립 운동가의 집안 며느리에게
이 나라가 가져다준 가난의 형벌을 살다 가신
가여운 한 여인의 흔적입니다

설중매

춘설 내려 봄볕 아래
사르르 녹아내리고

흰 눈 속에 붉은 꽃잎
너무도 아름다워

버선발로 마중 나온
임을 보는 마음이네

꽃

너는 좋겠다
아름다워서
너를 볼 때마다

도톰한 여인의
루주 바른 붉은 입술이
꽃잎에 입 맞추고

너는 행복한 미소로
향기를 뿜어주는
서비스

자세하게 살펴보면
더욱 귀여운

너는 좋겠다
아름답고 사랑스러운 꽃이라서

고향 고가 집

향리를 그리워하는
해묵은 기억 속 추억들이
눈물방울 되어 흐르는데

밤나무 고목 아래 작은 토담집
어릴 적 내 삶의 흔적을 담고
오랜 세월 버티고 서있던
그리움의 집
내 그리운 부모님처럼 보고 싶어진다

탁란처럼 우리 가족
서로 비비고 살던
그 집은 어디로 가고
낯선 시멘트 집이
터줏대감인 양 버티고 서서
주인 행세를 한다

내 부모 내 형제들의
가슴 시린 추억들은
타버린 재처럼 날아가 버리고

참을 수 없는 가슴속 흐느낌이
흔들리는 어깨 위에서
발길을 돌리게 한다

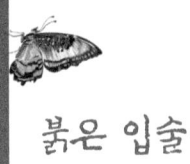

붉은 입술

초여름 아침나절에
물기 먹은 장미꽃처럼
여인의 젖은 입술은 아름답다

은구슬 구르는 듯
여인의 입술에 젖어 흐르는
밀어를 말하는
농염한 입술은 더욱 아름답다

루주에 반짝이는
물기 젖은 입술과

꽃다발을 받아 들고
놀라움에 동그라니
벌어진 입술도 아름답다

첫 키스에 수줍어
놀라운 채 바라보는
소녀의 청순한 입술은
참으로 아름답다

달맞이꽃 2

태양 빛이 지나간 강 언덕에
빛의 의지를 꺾는 어둠이
커튼처럼 내리고

풀잎을 스쳐가는
저녁 바람은 쓸쓸한데
밤이슬 내린 저녁 들길에
수줍은 듯이 피어나는
곱디고운 달맞이꽃

지금 이 순간 그 모든 것들은
어둠 속에서 침묵하는데
영겁의 시간
아름다움을 감추고
얼마를 기다리다 꽃이 되었나

이슬에 촉촉이 젖은
하얀 달빛 다가오는 밤
깨끗하고 새하얀 나의 마음을
오직 그대에게만 드리다

하루의 시간

붉은빛 태양의 의지를 꺾으려는
검은 밤이 다가오기까지
일하는 순간을 비추어주는
나머지 남아있는 하루의 시간을 찬미합니다

부딪쳐 본 하루는 절망뿐
헐떡거리는 숨소리
스스로를 죽이며 오늘을 살아갑니다

살아있기에 욕망하며
오늘의 목마름을 적시어 보려고
내일을 위하여 우물을 파봅니다

밤이슬 내려 젖어 드는
어둠 속에 홀로 서서 하루를 마감합니다
내 생애 하루가 순진한 경건함이 되었기를

늦가을 날에 사색

가을바람 불어오는 해 질 녘 들길에
혼자서 외로운 긴 사념의 시간

억새풀을 스치는 바람 소리와
가냘파서 더욱 애처로운
들길 따라 줄지어 선 코스모스 꽃

파란 하늘가를 맴도는
머무를 곳 없는 고추잠자리

퇴색되어 가는 갈색 들녘에
쓸쓸함이 가득하구나

저녁연기 피어오르는 시골 마을의
고즈넉한 목가적 풍경은
그리운 내 고향을 생각나게 한다

이별의 노래가 들려오는
저 들판 위에 가을이 무르익어 간다

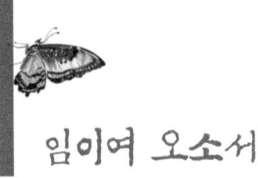
임이여 오소서

오월의 눈부신 햇살 아래
봄바람에 실버들 춤추는 그곳

잠든 아기처럼
고요가 말해주는 호수에는
옥잠화 꽃잎 위로
은빛 잔물결 반짝이고

연분홍 꽃잎은 바람에 날려
임 오는 길 반기는구나

오시옵소서 임이시여
오월의 호수 위를 노를 저어서

뒷산 뻐꾸기 노랫소리 따라서
오월의 꽃향기는 실려 오고

임이 오시는 발걸음 걸음마다
연분홍 꽃잎 떨구어
임이 오시는 길 반기오리다

임이여 내 임이시여
그리움에 목마른 이 내 가슴에
임의 향기 가득 채워 주오
사랑하는 내 임이여

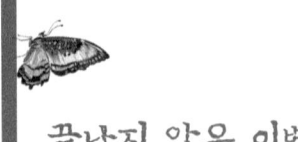

끝나지 않은 이별

눈을 감으면 떠오르는
수십 년 지나간 해묵은
그리움이 피어나고

나는 지금 초라해진 마음으로
내 영혼의 슬픔을 인내한다

가을 달빛은 푸르기만 하고
외기러기 날갯짓은 무거운데

아직도 남아있는 저녁노을이
서쪽 하늘 끝자락에 아쉬움인 양
붉은 그리움을 안고 있구나

안녕이라고 말을 하였지
슬픔으로 남겨진 그 이별의 말은
너를 잊을 수 없는 이유가 되었다

긴 겨울밤의 랩소디

창문 밖 뒤뜰에 풀벌레 우는 소리는
달빛보다 맑고
어둠을 유영하는 달빛 탄금은
비단보다 부드럽구나

봄이 가지고 온 산들바람에
마지막 낙엽은
잔설 남은 산비탈을 굴러가고

별들의 노랫소리 미리내를 건너는데
까만 고요가 말해주는
침묵의 밤은 깊어간다

세상 모든 것을 덮어버린
어둠 속 싸늘한 미소는
흙빛 어둠 속에서 잔잔한 웃음을 웃는다

고요를 타고 흐르는 별들의 랩소디는
까만 하늘 공간을 유영합니다

친구야 꽃구경 가자

활짝 꽃 핀 오월의 동산은
우리를 부르니
친구야 우리 꽃구경 가자

천만년 세월 흐름에
피는 꽃은 변함이 없어도
꽃을 구경하는 사람들은
늙어가고 죽어간다

반쯤은 죽은 인생 흰머리 친구야
봄꽃이 피고 지면
여름이 가까우니
이 봄이 다 가기 전에 꽃구경하러 가자

지는 꽃은 내년 춘삼월에 다시 피지만
인생은 죽고 나면 다시 오기 어려운데
친구야 이 봄 다 가기 전에
꽃구경이나 하러 가자

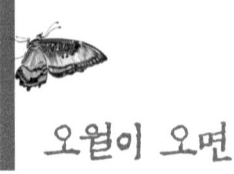

오월이 오면

창문을 열면 따뜻한 봄 햇살에
오월의 꽃향기를 담은 산들바람이
소녀의 귀밑머리를 스치고

창문 너머 먼 하늘에 문이 열리고
하얀 뭉게구름이 꽃처럼 피어오른다

나뭇가지 사이로 쏟아지는 대낮의 햇볕
숲속에는 수줍은 꽃들의 향연
오월의 햇볕 아래 수줍은 소녀의 향기가 아름답다

소녀야 오월의 들판을 향하여 귀 기울여 보라
감미로운 음악이 흐르고
부드럽게 속삭이는 봄의 대화가 들리지 않느냐

가자 소녀야!
향기와 노래가 스며든 자작나무 숲길로
놀라서 뛰어나오는 속눈썹 긴 사슴의 눈망울

활짝 꽃 핀 오월의 아름다움을
한 아름 가득 가슴에 안고서
나비처럼 소녀야 춤추어 보려무나

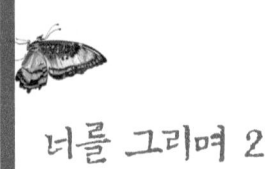

너를 그리며 2

해묵은 매화나무 아래서
술잔에 달빛을 채워
허무한 첫사랑을 그리며
술잔을 비운다

긴 이별의 시간 속에서
가슴 아리도록 그리운 사람
석양의 노을빛이 유난히도 쓸쓸한 저녁
홀로 우는 소쩍새의 목쉰 소리는
달빛에 매달리고

다 울지 못한 슬픔은 가슴에
담아두고 저 먼 그리움으로
또다시 불러보는 그 이름

너에게로 가는 진한 그리움을
버리지 못하고 노을 진 하늘
외로운 창가에서 별빛처럼 나는 울었다
못다 한 사랑이 너무도 그리워

창가에서

석양의 노을빛이 어둠에 밀려가고
이제는 끝없는 공허와 적막뿐
별들의 황홀한 무리 속에
긴 밤의 시작이다

오늘도 보게 됐다
절망의 굴레 속에서

넓은 삶의 벌판에는
땀 냄새 밴 사람들의
신음 소리가 흙바닥에 뒹굴고

열망마저 지쳐 버린 밤
오늘이란 시간이 어둠에 묻혀
사라져 간다

내일은 희망을 안겨줄
그 무언가가 찾아오겠지

삶의 생명들의 숨소리
내일의 보람찬 삶을
맛보리라는 희망을
내 곁으로 불러본다
어두운 창문 밖으로

고향 친구

달빛 아래 부엉이 울던
시골 마을에 탁란의 세월을
살아온 검정 고무신의 친구들

겨울바람 차갑게 불어오는
그 모진 가난 속에서도
다정했던 너는 나의 친구였다

살기 위해 떠나간 곳에서
감춰진 세상 속 무엇을 보았나
또 어떤 삶을 기억하는가

치열한 삶의 현실에서
인내하고 자위하면서
얼마나 자아를 가지고 살았는가

우리의 어깨를 짓누르던 멍에를
이제는 벗어버리고
그때 그날들처럼 해맑은 웃음 안고
그곳으로 돌아가자 친구야

반겨줄 이 없는 고향이라도
네가 있고 내가 있어
봄꽃처럼 화사한 웃음 담고
소박하게 살다 가세 고향 친구야

먼 그리움

그리움은 저녁 바람에 울고
보고픈 마음은 노을빛에 서러운데
잠잠해진 바람 끝은 꿈꾸는 듯 조용하구나

우러러 먼 그리움이 봄꽃처럼 피어나도
나는 결코 외롭지는 않았습니다
내 가슴에 낙인처럼 찍혀있는 그대 때문에

우매하도록 고집스러운 너를 향한 그리움이
봄바람에 춘설처럼 녹아내리기를

허무 위에 쌓이는 가상일지라도
잠시 피었다 사라지는 불꽃일지라도

넘어질 듯 마구 달려오는 너를
내 가슴에 포근하게 안고 싶어서
이날이 넘치도록 너를 기다립니다

슬픈 밤

달빛 흐르는 내 창가를
맴도는 저 먼 그리움이여
첫사랑은 너무도 시리고
한겨울 바람처럼 파고들다
소멸되는 그리움이구나

청춘의 한순간을
행복으로 채워 준
한 소녀의 그리운 이름

녹색으로 채색되어 가는
숲속을 유영하는 밤바람 속에서
슬픔을 토해내는 밤사이의
울음소리는 영혼을 적시고

못다 한 사랑은
가슴으로 우는데

추억이 머무는 먼
기억 속의 그대는
별빛처럼 다가오고
너를 향한 마른 가슴은
아련한 그리움의 시선으로
순흑빛 어둠 속을 더듬는다

겨울 나그네

낭만으로 걸어가던
언덕길에 겨울로 서서
구름을 밀고 가는
바람에 젖은
초라한 내 모습을 본다

고목이 된 가지에
눈물겹게 노을이 붉고

허수아비는 겨울 저편에서
창백한 얼굴로
진눈깨비에 싸여
얼어붙는다

침묵으로 슬퍼지는 저녁
아늑한 그리움을 끌어안고
혼자 뜨는 달처럼
외로움을 배우며

밀어가 퇴색되어 버린
얼룩진 밤에
가난한 가슴으로 울고 있다